PETITE BIBLIOTHÈQUE POPULAIRE D'ENSEIGNEMENT POLITIQUE

L'UNITÉ

DU

PARTI BONAPARTISTE

Réunion du 21 decembre 1883

> « Je désavoue hautement toute tentative qui aurait pour but ou pour effet, en divisant nos forces, de me prêter un rôle aussi odieux vis-à-vis de mon père, que peu honorable devant mon pays. »
>
> VICTOR NAPOLÉON.
>
> (*Lettre du 16 décembre 1883.*)

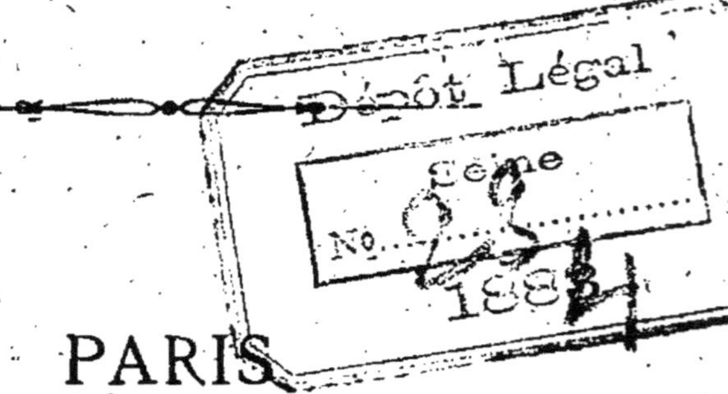

PARIS

J. PONCET, ÉDITEUR

DE DURAS (FAUBOURG SAINT-HONORÉ)

1883

L'UNITÉ

DU PARTI BONAPARTISTE

RÉUNION DU 21 DÉCEMBRE 1883

Une réunion qui devait avoir lieu le 15 décembre, à la salle Lévis, ayant été troublée par quelques agents de scandale et de tumulte, dont les vociférations empêchèrent les orateurs de parler, une nouvelle réunion fut annoncée pour le 21 décembre.

Deux mille deux cent quatre citoyens (nombre constaté à l'entrée), se trouvèrent au rendez-vous.

L'honorable M. Lenglé prit place au Bureau, avec MM. Alberti, Blanc et Chadel.

Avant de donner la parole à M. Pascal, M. Lenglé, en quelques mots vivement applaudis, remercie les assistants de ne s'être point laissé intimider par les ineptes violences d'adversaires affolés, à qui il ne reste plus de ressources dans la controverse que des cris stupides ou des injures sans raison.

Il explique à l'assemblée que les faits qui se sont produits à la date du 15 décembre et les polémiques qui les ont accompagnés, ont imposé aux orateurs le devoir strict de laisser aujourd'hui de côté la question politique générale, pour éclaircir complètement une situation sur laquelle il n'est plus permis aux bonapartistes de bonne foi d'avoir l'ombre d'un doute.

Discours de M. Pascal.

Messieurs,

Je comptais, reprenant l'ordre du jour de notre réunion du 15 décembre, brusquement interrompue par l'irruption de quelques malfaiteurs (*très bien ! très bien !*), vous exposer ce soir les principes généraux de la politique que nous considérons comme la plus efficace et la plus patriotique, et m'assurer ainsi que nous sommes en étroite communion d'idées avec ceux dont nous sollicitons le concours. Un grand nombre de nos amis sont venus me trouver, avant la séance, et m'ont prié de laisser, pour quelques instants, la révision au second plan et de vous entretenir des incidents qui ont si péniblement impressionné tous les amis sincères de là cause bonapartiste.

Je cède volontiers à ce désir, — à une condition cependant, c'est que vous ne me condamnerez pas à vous faire, ce soir, l'historique de toutes les perfidies, de toutes les duplicités, de tous les mensonges avec lesquels on a essayé de briser l'unité de notre parti. (*Applaudissements.*) Cette campagne, dans laquelle une faction que vous connaissez bien, a tenté de s'abriter derrière un nom qui nous est cher (*bravos chaleureux*), n'est qu'une forme nouvelle d'une conspiration ourdie de longue main. Je pourrais en suivre les traces depuis la mort du Prince impérial et vous montrer qu'elle n'a jamais eu d'autre but et d'autre dessein que de permettre à quelques personnalités tapageuses, dont on avait dédaigné les services, de se ménager le patronage indulgent de ceux qui pardonnent trop aisément les injures et les outrages que l'on a, pendant vingt ans, jetés à la tête de Celui qui est aujourd'hui le chef de notre grand parti et le représentant incontesté de notre cause (*applaudissements prolongés*).

Je ne veux pas, Messieurs, discuter et rapprocher des textes, je ne veux pas faire au jeune Prince, dont on a essayé de compromettre le nom, l'injure d'un tel examen, je ne veux pas surtout faire à nos adversaires l'honneur d'un pareil débat. *(Applaudissements.)* Non, je désire me borner à résumer simplement les impressions que doit éprouver tout homme de bon sens et tout homme de cœur au spectacle de cette querelle misérable.

On a voulu jeter l'équivoque sur la lettre du 16 décembre, on en a contesté la clarté et la précision. Eh bien, une première réflexion me frappe, et j'estime qu'elle devrait suffire pour fixer le sens de ce désaveu dont on essaierait vainement de se relever. Je ne crois pas qu'on en puisse faire un meilleur commentaire.

Il y a quatre jours les hommes de la faction étaient à la guerre. « Vous avez voulu la guerre, nous disaient-ils, eh bien vous l'aurez. Nous irons jusqu'au bout, nous aurons des réunions partout, nous organiserons partout l'agitation. » Et, Dieu me pardonne, on annonçait le noir dessein de passer sur le ventre de mon ami Lenglé et sur le mien. *(Hilarité générale.)*

M. Dichard, faisant la dénombrement de ses troupes, mettait au service du prince Victor ce brillant état-major dont il nommait avec orgueil les plus illustres : M. Petitpierre, M. Mariotte, M. Lieutaud *(Rires.)* Après l'équipée de samedi dernier, que le *Petit Caporal* élevait à la hauteur d'une victoire, il s'écriait : « Nos amis restent maîtres de la salle au cri

mille fois répété de : « Vive l'Empereur ! vive
« le prince Victor ! »

Deux jours s'écoulent, Messieurs, et voilà
que tout est au calme et à l'apaisement. Le
désarmement est général, M. Mariotte a brisé
son épée et M. Lieutaud a perdu le fil de son
discours. *(Hilarité bruyante.)* Le journal *le
Pays* confesse qu'il n'y a rien à faire, le prince
Napoléon vivant : « L'avenir est barré, dit-il
— nous en convenons ». La découverte est
tardive. — Et plus loin : « Il ne nous reste
plus qu'à attendre et à espérer. Espérer ce
n'est pas grand chose, — mais cela vaut mieux
que rien. » *(Rires.)* Et le *Petit Caporal* pous-
sant la résignation plus loin s'écrie piteuse-
ment : « Dussions-nous attendre le prince
Victor pendant vingt ans, nous l'attendrons. »
Eh bien voilà qui donne quelque répit à mon
ami Lenglé. *(Applaudissements prolongés.)*

Comment ! il a suffi de quelques lignes, ve-
nues de Moncalieri pour accomplir ce mi-
racle ! *(Très bien ! très bien !)*

Mais, en vérité, si la lettre du prince Victor
n'est, comme on a osé le dire, que le commentaire de la note anonyme du 2 décembre,
si la situation est restée la même, comment se
fait-il que la politique de résignation ait suc-
cédé tout à coup à la politique de combat ?
Comment se fait-il que les assaillants aient
brusquement éteint leur feu ? Comment se fait-

il, enfin, que tous ces foudres de guerre se soient si docilement résignés à entrer dans l'ordre des Victoriens contemplatifs ! *(Bravos).*

Ah ! Messieurs, n'en doutez pas — c'est que le désaveu a été compris comme il devait l'être — c'est que, si on essaie encore de tromper le public, on n'a pas pu se tromper soi-même. — *(C'est cela, très bien !)* Voilà, la première réflexion qui me frappe! N'estimez-vous pas qu'elle est, comme je vous le disais, le meilleur commentaire de la lettre du prince Victor, et que, pour tout homme de bonne foi, elle devrait suffire? *(Très bien ! Très bien !)*

Voilà bien, les détestables effets de l'esprit de parti ! Est-ce que, en vérité, si on avait quelque dévouement pour cette grande cause, quelque respect pour ce grand nom dans lequel s'incarne la cause, est-ce que, en présence de cette lettre si nette, si précise, si péremptoire, le premier devoir pour tout bonapartiste dévoué n'était pas de venir vers nous et de nous dire loyalement : nous confessons que nous nous sommes trompés. Nous reconnaissons qu'on ne séparera jamais le fils de son père, et que ce pays, ce grand pays qui se meurt sous l'étreinte de ce régime néfaste, n'a pas le temps d'attendre. — Ah ! le *Petit Caporal* se résigne à attendre vingt ans ! mais, messieurs, la France peut-elle attendre ? *(Triple salve d'applaudissements.)* Est-ce que notre premier devoir à tous, quelles que puissent être nos divergences sur certains points de la politique, n'était pas de faire un effort vigoureux pour assurer la cohésion de ce grand parti napoléonien, et de ne pas donner à nos adversaires le spectacle de nos divisions et de nos querelles ? *(Applaudissements chaleureux.)*

Mais non, on s'est avancé, on s'est compromis, on a pris des engagements qu'on ne peut pas tenir. A tout prix il faut dissimuler ses défaites. Et alors savez-vous ce qu'on invente ? Je suis vraiment humilié de le rappeler. Oui, nous dit-on, nous reconnaissons que le fils ne peut jamais être le compétiteur de son père ; — mais comment le serait-il ? — Le prince Napoléon aspiré, dit-on, à la présidence de la République,—le prince Victor aspire à l'Empire ? Comment courraient-ils le danger de se rencontrer ? En vérité, comprenez-vous que la politique puisse tomber si bas ! *(Très bien ! très bien !)* Voyez-vous ce père et ce fils assis au même foyer, abrités sous le même toit, qui vivent dans des rapports affectueux et qui représentent deux formes politiques rivales ? Le père attendant que ses amis aient battu les amis de son fils et le fils comptant bien que ses amis auront raison de ceux de son père.

(*Rires bruyants.*) Messieurs, quand on est capable de livrer ainsi ce nom, ce grand nom de Napoléon, à la risée publique; quand on est capable de le compromettre dans de pareilles bouffonneries, on renonce à la politique et on écrit des chansons pour l'Alcazar. (*Triple salve d'applaudissements.*)

Tout cela n'est que ridicule, l'opinion en rit et tout est dit.—On ne peut pas interdire à M. Dichard d'être gai.

Mais, messieurs, l'esprit de parti n'a pas seulement conduit nos adversaires au ridicule, il les condamne à l'odieux. Car enfin, je le demande à tout homme sincère, l'alternative est ici rigoureuse; si la faction dit vrai, c'est le prince Victor qui ment. Je défie l'esprit le plus subtil et le plus retors d'échapper à l'étreinte de ce dilemme.

Reprenons brièvement les faits.

Le prince Victor vient de sortir du régiment. — Quelques jeunes avocats distingués qui composent le groupe de l'Appel au peuple dans la Conférence Molé ont l'idée de lui offrir un banquet. Le prince Victor accepte d'abord, non sans hésitation; mais se souvenant de l'affectation avec laquelle ceux qui veulent le compromettre ont annoncé qu'il parlerait aussitôt qu'il aurait échappé au joug de la discipline militaire, il s'inquiète, à bon droit, de l'interprétation qu'on pourra donner à ses paroles et de la mauvaise foi avec laquelle on les reproduira. Il écrit alors, pour refuser le banquet, au président du groupe, à notre ami, M. Duchesne, — l'un de nos plus jeunes et de nos plus brillants orateurs (*Très bien*), que vous avez souvent l'occasion d'applaudir. Il lui dit simplement :

« JE N'AI PAS EN CE MOMENT DE ROLE POLI-
« TIQUE A REMPLIR, MAIS JE TIENS A VOUS DIRE
« QUE JE SERAIS TRÈS AFFLIGÉ DE VOIR MON
« NOM SERVIR DE PRÉTEXTE A CRÉER UN ANTA-
« GONISME ENTRE MON PÈRE ET MOI, CE QUI EST
« AUSSI LOIN DE MON CŒUR QUE DE MON DE-
« VOIR. » (*Applaudissements chaleureux.*)

On a dit que cette lettre n'était pas destinée à la publicité. J'affirme qu'elle a été remise par le prince Victor à l'ami qui devait la communiquer à la presse. (*Très bien ! Très bien !*)

Ainsi, messieurs, voilà qui est bien clair, n'est-ce pas? Le jeune prince déclare qu'il ne veut pas faire de politique; il déclare qu'il n'a pas en ce moment de rôle politique à remplir. (*Très bien ! Très bien !*)

Nous sommes au 26 novembre. — Le 2 décembre, les journaux de la faction publient une note, sur laquelle je reviendrai tout à l'heure, et qui contient, ou qui a du moins la prétention de contenir un programme poli-tique.

Cette note est présentée comme émanant du prince Victor, il l'a lue, il l'a corrigée et il en a autorisé la publication. — Mais, au nom du ciel, montrez-nous cette autorisat on, — montrez-nous ces corrections; — une ligne, un mot,... nous vous en défions! (*Sensalion profodne.*)

Et, veuillez le remarquer, cette note n'a pas le caractère d'une simple indiscrétion commise sur ce que le Prince peut penser dans telle ou telle question. — Non, non, ne vous y trompez pas. — C'est un programme politique, c'est le programme d'une politique militante Le programme de nouvel Empire représenté par le prince Victor.

Le *Pays* dit : « C'est une nouvelle politique qui se lève à l'horizon assombri. C'est un programme qui renoue la chaîne interrompue entre les Napoléons et la France chrétienne. » Nous reviendrons sur cette insupportable prétention de parler toujours au nom de la France chrétienne qui, Dieu merci, peut compter sur de plus utiles défenseurs. (*Très bien ! Très bien !*)

Le même journal dit ailleurs, en parlant de cette note :

« Les vieux fidèles de Décembre pourront probablement, et avant de se coucher dans la tombe, frissonner une dernière fois au cri mille fois répétés de : « Vive l'Empereur ! »

Et le *Petit Caporal* déclare, que par ce programme, le prince Victor affirme aux yeux de la France et du monde entier les droits de l'Empire.

Eh bien ! qui trompe-t-on ici ? « Je n'ai pas de rôle politique à remplir, a dit le prince Victor, je ne fais pas de politique et je n'en veux pas faire » — et au même moment on se dit autorisé à jeter dans le public un programme politique qui est le démenti brutal donné à sa déclarat on. Mais encore une fois ne voyez-vous pas, comme je le vous disais tout-à-l'heure, que si la faction dit vrai, — le Prince a menti. — Il a menti à son père, — il a menti à son pays. (*Sensation profonde*.)

Est-ce clair ? Est-ce précis ? Ayez donc le courage de le dire, vous qui vous posez comme les vrais confidents de ce jeune prince, dont vous ne cessez pas depuis quinze jours de contredire la parole et d'obscurcir la loyauté. (*Applaudissements.*)

Le prince Victor, qui était parti le jour même où paraissait la note, chassait à Moncalieri, et s'inquiétait assez peu de ce qu'on disait de lui. Il y a cependant une limite à la patience, et quand il apprit qu'on s'arrogeait le droit de parler en son nom, je n'ai pas besoin de vous rappeler avec quelle assurance, il pensa que le moment était venu de dissiper enfin toute équivoque, et il écrivit à son père cette lettre du 16 décembre, si franche, si loyale, si affectueuse, qui, dans son esprit, devait mettre fin à ce triste débat.

Cette lettre, messieurs, contient deux choses, qu'il ne faut pas confondre : — un démenti et une appréciation.

Le démenti est formel :

« JE RÉPÈTE, écrit le prince Victor, QUE JE « N'AI PAS EN CE MOMENT DE ROLE POLITIQUE A « REMPLIR. — C'EST DIRE CLAIREMENT QUE JE « N'AI DONNÉ A PERSONNE MANDAT DE PARLER « EN MON NOM... »

Est-ce net ? Et remarquez le tour particulier de ce démenti. Le Prince rappelle qu'il a écrit, le 26 novembre, à M. Duchesne, il s'étonne que sa parole n'ait pas suffi. « Je répète que je ne fais pas de politique ; c'est dire assez que je n'ai donné à personne le droit d'en faire en mon nom. » Pour tout homme qui sait lire, ce mot : JE RÉPÈTE a un accent de sévérité qui ne doit pas être négligé.

Eh bien, encore une fois, si après la déclaration du 26 novembre, confirmée par celle du 16 décembre, on persiste à soutenir que le prince Victor a autorisé la publication d'un programme politique, que penser de sa franchise ? que penser de sa loyauté ? L'alternative est rigoureuse, et je la pose de nouveau, avec

la précision qu'il faut apporter dans un débat
où l'honneur d'un prince, qui nous est cher,
est si visiblement engagé. — Si la note du 2 décembre émane du prince Victor, qu'on essaie,
si on l'ose, de concilier cette note avec la
lettre à M. Duchesne, avec la lettre au prince
Napoléon. (*Très bien, très bien!*)

Mais, Messieurs, la lettre du prince Victor
ne contient pas seulement un démenti, elle
contient aussi une appréciation sévère sur
ceux qui ont essayé d'abuser de son nom:

« JE DÉSAVOUE HAUTEMENT, écrit-il, TOUTE
« TENTATIVE QUI AURAIT POUR BUT OU POUR
« EFFET, EN DIVISANT NOS FORCES, DE M'ATTRI-
« BUER UN ROLE AUSSI ODIEUX VIS-A-VIS DE MON
« PÈRE QUE PEU HONORABLE DEVANT MON PAYS.»

Je n'insiste pas, car je craindrais de faire
injure au prince Victor en m'attardant à ces
commentaires, mais je demande, en passant,
qu'on veuille bien m'expliquer comment ces
mots, *en divisant nos forces*, pourraient se
trouver dans la bouche de celui qui aurait
permis à quelques confidents de constituer un
nouveau parti autour de son nom. (*Très bien !
très bien ! — Une voix : C'est l'évidence-
même*).

En vérité, Messieurs, ne restez-vous pas
confondus devant l'audace de ceux qui, se trou-
vant à la fois sous le coup de ce démenti ; *Je*

n'ai donné à personne mandat de parler en mon nom, et de ce jugement : *ceux qui, en divisant nos forces, m'attribuent un rôle aussi odieux vis-à-vis de mon père que peu honorable devant mon pays,* soutiennent encore que la lettre du 16 décembre n'est que le commentaire de la note du 2 décembre *(De toutes parts : c'est trop fort !)* et que le prince Victor a voulu encourager ceux qui ont essayé de le poser en face de son père comme le représentant d'un autre parti, d'une autre doctrine, d'un autre gouvernement. *(Très bien ! très bien !)*

Ne vous y trompez pas, Messieurs, cette obstination n'est qu'apparente.

La lettre du 16 d.cembre causa dans les rangs de la faction un v ritable accablement. Nous en savons quelque chose, car il y a des désespoirs qui ne sont pas toujours discrets. *(Rires.)*.

On ne savait comment s'en tirer. L'organe important qui avait eu la primeur du document, le *Figaro*, avait fait précéder la lettre de quelques réflexions sensées qui avaient vivement impressionné le public. Le *Figaro*, assurément, n'est pas des nôtres, mais il jouit de cette indépendance d'esprit si rare dans la presse et que peuvent seules assurer la confiance et les sympathies d'un immense public. A la suite du *Figoro*, tous les organes indépendants, radicaux ou royalistes, avaient reconnu qu'après la lettre du 16 décembre, le Victorisme, selon la fine expression de M. F. Magnard, n'était plus qu'*une hypothèse*.

Mais, Messieurs, un secours inattendu devait venir aux Victoriens déconfits. — Quand je parle d'un secours inattendu, c'est de ma part un simple euphémisme, car vous savez avec quelle application et quelle bienveillance la presse officieuse entretient et encourage les fauteurs de ces dissensions.

Un journal, qui nous avait habitués jusqu'ici à plus de loyauté, le *Temps*, habile aux subtilités équivoques de l'opportunisme, s'empare de la dernière phrase de la lettre du 16 décembre, et donne l'interprétation que voici :

« Le prince Victor a écrit à son père : *Vous êtes le chef de ma famille, je demeure le champion fidèle de la tradition napoléonienne.* »

Ne peut-on pas trouver là une opposition préméditée à travers laquelle perce la pensée du prince ? N'est-il pas évident que le prince Victor a voulu dire : Vous êtes mon père, mais moi je suis l'Empereur ! (*Protestations bruyantes.*)

Ah ! pour le coup, c'est trop fort ! Mais cette phrase si odieusement interprêtée, savez-vous où elle a été prise ?... dans le Manifeste du prince Napoléon... *tatio rolongée.*) —

J'avais été touché, je vous l'avoue, en lisant pour la première fois les deux lettres du prince Victor de la délicatesse exquise avec laquelle le jeune Prince avait été chercher, dans le manifeste du 15 janvier, dans ce manifeste, auquel il avait donné, — et dans une forme touchante, car il était à la caserne quand son père était en prison — (*Explosion de bravos.*) sa plus explicite approbation, j'avais été touché d'y trouver les idées et jusqu'aux expressions du manifeste. Comparez-les, en effet.

Le prince Napoléon, avait dit : « Mes fils sont encore étrangers à la politique » — et le prince Victor, reprenant cette idée, et interprétant ce mot *encore*, a écrit : « *Je n'ai pas, en ce moment*, de rôle politique à remplir. »

Le prince Napoléon avait dit : « Ils resteront fidèles à la vraie tradition napoléonienne, » et le prince Victor écrit : « Je demeure le champion fidèle de la tradition napoléonienne. (*Applaudissements prolongés.*)

Voilà donc l'origine de la phrase sur laquelle le *Temps* a échafaudé tout l'édifice de sa casuistique malfaisante. :

Ainsi, Messieurs, le prince Victor, en écrivant à son père pour lui témoigner son respectueux attachement, pour désavouer ceux qui, *en divisant nos forces*, lui font jouer un rôle qu'il qualifie lui-même d'odieux, aurait choisi cette occasion pour prêcher la révolte et pour glisser dans cette lettre, destinée à décliner tout rôle politique, la formule même du dissentiment auquel il veut mettre fin..

— Mais, alors, que voulez-vous donc faire de ce fils qui aggraverait ainsi sa rébellion par son hypocrisie. (*Très bien ! Très bien !*)

Le *Temps* développe cette interprétation avec une rare perfidie ; il l'accentue, il y insiste, et voici les conclusions qu'il en tire, pour la plus grande joie des gens du gouvernement. Après tout, le *Temps* est un ennemi ; — il est dans son rôle. « Le prince Victor, dit-« il, tout en gardant vis-à-vis de son père les « apparences du respect filial, est le chef no-« minal et conscient des ennemis les plus « violents du prince Jérôme. Il est l'instru-« ment volontaire des haines que la fraction « la plus remuante et la plus nombreuse peut-« être de la guérilla bonapartiste a vouées au « neveu de Napoléon Ier et au cousin germain « de Napopoléon III. »

Vous croyez peut-être que ces conclusions odieuses vont faire reculer les meneurs de la faction ? Ah ! gardez-vous de le croire. Ouvrez le *Petit Caporal*, lisez le *Pays*, et vous verrez que ces deux journaux s'autorisent des interprétations du *Temps*, dont ils louent la sagacité et n'hésitent pas à aller chercher des auxiliaires dans les antichambres de M. Ferry. (*Longs et bruyants applaudissements.*)

A partir de ce moment on n'a plus de scrupules. Il n'y a plus de ménagements à garder. On s'est engagé dans cette voie détestable, on ira jusqu'au bout.

Prenez en effet le numéro du *Petit Caporal* du 20 décembre, — ce numéro que je voudrais voir répandre à profusion et jeter aux quatre coins de la province, — prenez ce numéro, vous y lirez à la première colonne la lettre du prince Victor, dans laquelle vous trouvez ces mots : *je n'ai donné à personne mandat de parler en mon nom;* — et à la seconde colonne, sous la signature de M. Georges Amigues : « J'ai dit ailleurs, et je le maintiens,
« avoir *mandat* du prince Victor pour affirmer
« que la France impérialiste pouvait compter
« sur lui. »

Vous le voyez, on n'hésite plus ; le démenti est direct; il s'étale ici avec un cynisme outrecuidant qui doit révolter toutes les consciences. (*Longue et bruyante indignation.*)

Mais M. Georges Amigues ne borne pas là son audace, car un peu plus loin il ajoute :

« Et si l'on me force à donner des preuves,
« je suis prêt à les fournir. »

Un homme de cœur, le baron Brunet, ancien chevalier d'honneur de la princesse Clotilde, qui a vu naître le prince Victor, qui l'a fait sauter sur ses bras; un de ces amis rares dont le dévoûment s'accroît avec la mauvaise fortune, *(Très bien!)* le baron Brunet ne crut pas devoir tolérer cette allégation impertinente. Il écrivît au *Petit Caporal* et simplement il dit à M. Amigues : « Le prince Victor affirme qu'il n'a donné à personne mandat de parler en son nom. — Vous affirmez que le prince Victor vous a donné mandat et vous offrez d'en faire la preuve. — Cette preuve, faites-là. *(Très bien! très bien!)* Vous savez le reste. Justement M. Amigues était à la campagne, *(Hilarité.)* on l'attendit; le grand conseil du *Petit Caporal* délibéra. M. Petit-Pierre, M. Lieutaud, M. Mariotte, les conseillers du premier degré, inclinèrent à la prudence, et il fut décidé qu'on contesterait à M. le baron Brunet le droit de réclamer la preuve. *(Bruyante indignation.)* Il faut que le prince Napoléon écrive directement à M. Amigues, c'est à ce prix qu'on parlera. On est ainsi bien certain de se taire. *(On rit.)* Mais laissons là cette évasion misérable; cela donne la nausée. *(Très bien!)* (1).

Et savez-vous, Messieurs, comment M. Dichard accueille la lettre du baron Brunet?

---

(1) Depuis que ce discours a été prononcé, M. Georges Amigues a changé de tactique. Le Prince Napoléon ne lui suffit plus, il exige le Prince Victor. — Voit-on le Prince Victor mettant lui-même MM. Amigues frères en demeure de prouver qu'il est un menteur, et qu'il a conspiré avec eux. C'est ridicule et odieux!

(Note de l'éditeur.)

« Le jeu du baron Brunet, écrit-il, est ici trop visible, *il voudrait nous brouiller avec le prince Victor !* (*Rires prolongés.*)

Ah ! Messieurs, ne riez pas, je vous en prie, et veuillez réfléchir à la portée de cette insinuation ? Eh quoi, vous ne pouvez pas faire la preuve, que vous promettiez, sans vous brouiller avec le prince Victor ? Mais alors quel est donc le caractère du mandat que vous dites avoir reçu ? (*Sensation profonde.*) Ce mandat est donc de ceux qu'on n'avoue pas ? Vous voulez donc nous faire croire que ce brave et loyal jeune homme s'est compromis, avec vous, dans je ne sais plus quelle complicité tortueuse qu'il entend dissimuler ! (*Explosion de bravos.*)

En vérité, Messieurs, en voilà assez, car je sens bien que j'épuiserais votre attention, si je voulais épuiser votre mépris. (*Très bien ! Très bien !*)

J'epère que le bruit de ces querelles ne parviendra pas à Moncalieri, mais si mes paroles, franchissant la distance, pouvaient arriver aux oreiles du prince Victor, je lui dirais : « Monseigneur, pardonnez-moi d'avoir posé ces hypothèses offensantes, j'ai dû le faire pour les besoins de ma discussion, j'ai dû le faire surtout pour confondre ceux que tout homme sensé doit tenir désormais pour les pires ennemis de votre cause et du grand nom que vous portez. Je pourrais, si je le voulais, me souvenir des entretiens dont vous m'avez honoré, dans les salons de votre père ou dans les jardins de Saint-Gratien ; je pourrais montrer combien on vous calomnie en dénaturant votre pensée, en vous représentant comme le partisan de je ne sais plus quelle réaction surannée. (*Très bien !*) Je ne le ferai pas. Vous ne voulez pas faire de politique, et vous avez raison. Nous sommes tranquilles, nous savons que nous pouvons compter sur vous, car vous avez pour guide de vos premiers pas dans la vie publique ce Prince que nous aimons, que nous servons avec un dévouement passionné, et pour lequel nous acceptons avec joie l'injure et l'outrage dont nous sommes tous les jours honorés, ce Prince qui vous a élevé, auprès duquel vous avez grandi, qui est, de l'aveu de tous, un des plus puissants esprits de notre temps et l'observateur le plus sagace des transformations qui se font dans notre démocratie. (*Applaudissements réitérés.*)

« Ce n'est pas nous qui essaierons jamais de jeter votre nom et de le compremettre dans nos luttes, car il faut que le jour où la Providence marquera votre heure, vous ne soyez pas l'homme d'un parti, mais le représentant de la démocratie tout entière. » (*Triple salve d'applaudissements. Cris répétés de : « Vive le prince Napoléon ! Vive le prince Victor ! »*)

J'entendais tout à l'heure une voix qui s'écriait du fond de la salle : « Mais que veulent donc ces gens-là ? » J'ai retenu l'interruption et je vais essayer d'y répondre.

Croyez-vous, par hasard, que nous ayons en face de nous des hommes convaincus de l'excellence d'un système politique, attachés à certains principes de gouvernement et n'ayant d'autre but et d'autre passion que d'en assurer le triomphe. Il suffira, pour vous détromper, de lire la note qui a paru simultanément dans le *Petit Caporal* et dans le *Pays*.

Lisons-la, cette note qu'on a essayé d'élever à la hauteur d'un programme et qui ne contient que quelques banalités retentissantes, que'ques lieux communs qui traînent dans toutes les professions de foi.

Voici l'idéal qu'on nous promet au nom du nouvel empereur : « Un gouvernement qui « saura grouper tous les honnêtes gens par le « prestige d'un pouvoir fort, issu de la volonté « nationale, par la sauvegarde résolue des « droits de la démocratie et des intérêts con- « servateurs, et enfin par la haute protection « due aux croyances religieuses. »

Eh bien ! Je vous le demande, Messieurs, quel est celui d'entre-nous qui ne signerait pas des deux mains ce programme inoffensif et incolore. (*Très bien !*)

Un pouvoir fort, issu de la volonté natio-

nale ! Avons-nous jamais demandé autre chose ?
— Un gouvernement qui saura grouper tous
les honnêtes gens ! — Connaissez-vous, par
hasard, un gouvernement qui déclare répudier
le concours des honnêtes gens ? (*On rit.*) Les intérêts conservateurs ! Mais est-ce que tous les
partis n'ont pas la prétention de protéger les
intérêts conservateurs ? Les radicaux eux-
mêmes affirment qu'ils sont, eux aussi, les vrais
conservateurs (*Rires*). La protection des
croyances religieuses ? — Ah ! nous y voilà. —
Eh bien ! que le rédacteur naïf de cette note
prudhommesque — on m'assure qu'elle est de
M. Mariotte (*on rit*) — me permette de le lui
dire, il y a quelqu'un qui a été sur ce point
autrement plus explicite que la note du *Petit
Caporal*, cet homme c'est le prince Napoléon.
(*Longue et bruyante approbation.*)

Voulez-vous me permettre, Messieurs, de
vous lire sur ce point deux déclarations impor-
tantes — l'une est prise dans cette lettre du
5 avril, si mal comprise et si sottement calom-
niée — l'autre dans le manifeste du 15 janvier.
Je lis dans la lettre du 5 avril :

« *Un Napoléon ne saurait, sans mentir à
son origine, se montrer l'ennemi, soit de la
Religion, soit de la Révolution.* « *La Religion,
« a dit mon oncle à Sainte-Hélène, est l'appui
« de la bonne morale, des vrais principes.* »

La destinée de ma famille, en 1800 comme en 1848, a été de sauver la Révolution des entreprises de la réaction royaliste.

- « Napoléon a concilié, par le Concordat, ces deux forces également indestructibles, quoique de nature et d'origine bien diverses. Dans cette œuvre immortelle, il a tracé avec la clairvoyance du génie le domaine respectif de l'Eglise et de l'Etat, assuré à la société le plus précieux des biens, la paix religieuse, et à chaque citoyen le plus sacré des droits, la liberté de conscience. »

Et maintenant, prenons le Manifeste :

« La Religion, attaquée par un athéisme persécuteur, n'est pas protégée. Et cependant ce grand intérêt de toute société civilisée est plus facile à sauvegarder que tout autre par l'application loyale du Concordat qui seul peut nous donner la paix religieuse.

Vous en conviendrez, messieurs, voilà qui est autrement plus net, plus catégorique que le programme de l'Empereur du Petit caporal *(Longs et chaleureux applaudissements ; cris unanines de : « Vive le prince Napoléon ! »*

Eh bien, Messieurs, si cette note n'est qu'une déclamation enfantine, une amplifica-

·tion creuse et niaise, quel était le but de la ·faction en la publiant? Le but, ah! il est bien facile de le saisir. On a essayé tout d'abord de susciter un compétiteur au chef du parti napoléonien afin de nous diviser. Les encouragements du *Temps* sont instructifs. (*Très bien!*) On a compté qu'on pourrait compromettre un jeune prince et, en son nom brandir, sans grand danger, le sabre de bois avec lequel on veut aller à l'assaut de la République (*On rit.*) et mettre un émule de don Carlos à la tête d'une poignée de réactionnaires (*Triple salves d'applaudissements.*)

Voilà le premier projet, mais le prince Victor ayant parlé, on essaie, sous les dehors d'une résignation feinte, de créer une droite bonapartiste, de lui donner un chef éventuel, et de constituer ainsi un parti réactionnaire dans ce grand parti de la démocratie napoléonienne, dont le prince Napoléon tient le drapeau et qui entend bien n'avoir rien de commun avec la réaction. Quelques naïfs s'y laissent prendre. Mais nous ne tomberons pas dans le piège qui nous est tendu. Oui, sans doute, si Napoléon était au pouvoir, on pourrait concevoir une droite défendant ses idées et essayant de les faire prévaloir. (*C'est cela, c'est cela.*) Mais nous ne sommes pas au pouvoir, Messieurs, nous sommes une armée en marche ! (*Longs applaudissements.*) et nous tenons pour des ennemis ou des traîtres ceux qui n'acceptent pas le mot d'ordre de celui qui a acquis le droit de nous commander. *(Bravos unanimes.)*

Ah! que la voilà bien cette politique détestable contre laquelle mes amis et moi nous ne cessons pas de protester, cette politique d'affirmation et d'ostentation, politique de défis sans portée et de bravades inutiles, politique néfaste qui nous conduirait à l'impuissance et au discrédit. *(Très bien! Très bien!)*

Vous croyez vraiment qu'il suffit, pour ébranler le gouvernement, d'aller tous les jours, comme des forcenés, crier : « Vive l'Empereur », sur son passage. — Il y a dans notre histoire contemporaine un fait bien connu, qui me paraît être l'idéal de cette politique de provocation. Un jour M. Floquet voulant à lui tout seul délivrer la Pologne, crut habile et patriotique de se placer sur le passage de l'Empereur de Russie, qui visitait Paris, et comme le souverain arrivait devant lui, M. Floquet enfonçant son chapeau jusqu'au menton, poussa ce cri resté célèbre : « Vive la Pologne, Monsieur! » — M. Floquet compromit son chapeau, et la Pologne ne s'en trouva pas mieux. *(Rires. — Applaudissements.)* Voilà, Messieurs, toute la politique des impérialistes de la faction.

Notre politique à nous est plus claire, plus patriotique et surtout plus pratique. Au lieu de nous préoccuper de la forme, nous nous préoccupons du fond. Au lieu de la politique de parti, nous faisons de la politique de principes. Ce que nous voulons, c'est conquérir pour le peuple le droit d'élire son chef. (*C'est cela ! Très bien !*)

Mais cette question ne se pose même pas à l'heure où nous sommes. Ce que nous voulons, c'est obliger les pouvoirs publics à rendre au peuple le pouvoir constituant qui lui a été ravi. Ce que nous voulons, c'est que l'usurpation commise en 1875 ne soit pas continuée et aggravée par la revision dérisoire dont on nous menace : la revision par le congrès. (*Oui, oui ! C'est cela !*)

Et alors, sincèrement, loyalement, nous appelons à nous, tous ceux qui veulent conquérir l'instrument commun, l'instrument de la délivrance : — la Constituante. (*Très bien !*)

Nous ne nous confondons pas avec les radicaux. Ils ne le souhaitent pas plus que nous-mêmes; — mais nous disons à tous qu'en face de l'opportunisme parlementaire qui est l'ennemi, il n'y a de salut que dans un grand effort commun tenté par tous les défenseurs de la souveraineté nationale (*Bruyantes approbations.*)

Voilà, Messieurs, toute notre politique. Venez la défendre avec nous, aidez-nous à la faire triompher. Ayez confiance dans le bon sens du peuple qu'éclaire tous les jours l'expérience qui se fait sous ses yeux.

Et soyez bien convaincus qu'en marchant dans cette voie, vous êtes dans la vraie tradition napoléonnienne, dans cette tradition invoquée par le prince Victor, comme elle l'avait été par le prince Napoléon dans son manifeste; soyez sûrs que vous resterez ainsi avec le père comme avec le fils, et sachez bien que nous ne les séparons pas, que nous ne les séparerons jamais dans notre affection, dans notre dévouement, dans notre respect.

(Cinq salves d'applaudissements répondent à ce discours. L'orateur, en regagnant sa place, est chaudement félicité par tous ceux qui peuvent parvenir jusqu'à lui.)

———

M. Lenglé, dans un discours que nous regrettons d'être obligé d'abréger, s'exprime ensuite à peu près dans ces termes :

« Messieurs, maintenant que le terrain est déblayé et que la situation est nette, je vous demande la permission de vous rappeler le programme de politique pratique que doivent suivre tous ceux qui sont réellement bonapartistes.

« La reconstitution de l'autorité par le Peuple et dans l'intérêt du Peuple, voilà le fonds de la doctrine napoléonienne, voilà le but que nous devons poursuivre. Pour l'atteindre, il est tout d'abord nécessaire de réclamer la Revision de la Cons'itution, et cette Revision, il faut, par un immense mouvement d'opinion publique, obtenir du Congrès qu'elle soit confiée à une Assemblée constituante. »

« Tenez-vous en garde, ajoute plus loin l'orateur, contre les pièges que les royalistes tendent devant nos pas et vers lesquels nos amis se sont trop souvent laissé entraîner sous de vains prétextes d'union conservatrice et de défense sociale. Croyez-moi, la démocratie n'a rien à démêler avec les hommes aux regards vagues et aux allures indécises, qui déguisent leurs opinions sous tous les costumes et qui, après avoir emprunté sa force au peuple, le livreraient le lendemain à un roi plus ou moins absolu ; et, laissez-moi vous le dire, mes amis, avec la netteté que vous me connaissez : Pour tout bonapartiste sincère, mieux vaut mille fois la République que la Royauté. (*Applaudissements.*)

«Ayons confiance, Messieurs, le jour où le

peuple aura recouvré le droit de nommer son chef, il saura bien où trouver le salut. Rappelons - nous ces paroles de Napoléon Ier :

« Ce génie tutélaire, une nation nombreuse le renferme toujours dans son sein, mais quelquefois il tarde à paraître. En effet, il ne suffit pas qu'il existe, il faut qu'il soit connu, il faut qu'il se connaisse lui-même. Jusque-là, toutes les tentatives sont vaines, toutes les menées impuissantes ; l'inertie du grand nombre protège le gouvernement nominal, et, malgré son impéritie et sa faiblesse, les efforts de ses ennemis ne prévalent pas contre lui. Mais que ce sauveur, impatiemment attendu, donne tout à coup un signe d'existence, l'instinct national le devine et l'appelle, les obstacles s'aplanissent devant lui, et tout un grand peuple, volant sur son passage, semble dire : Le voilà ! »

« N'est-il pas vrai, s'écrie alors l'orateur aux applaudissements de toute l'assemblée, que lorsque au mois de janvier dernier on vit apparaître sur les murs de Paris ce grand nom de Napoléon, un frémissement d'espoir se communiqua à la France entière et que plus d'un, dans l'atelier et dans la chaumière, murmura tous bas : « Le voilà ! ».

M. Besson, ancien Préfet du Nord, ancien Conseiller d'Etat, demande ensuite la parole pour présenter un ordre du jour ainsi conçu :

« L'assemblée, affirmant l'unité du parti napoléonien autour de son chef le prince Napoléon, donne au bureau mandat de faire parvenir à Son Altesse Impériale le prince Victor l'expression de sa reconnaissance pour avoir, par sa lettre du 16 décembre, désavoué en termes formels ceux qui n'ont pas craint d'abuser de son nom et de lui attribuer *un rôle aussi odieux vis-à-vis de son père que peu honorable devant son pays.* »

Cet ordre du jour est acclamé.

Mis aux voix par le président, il est immédiatement adopté *à l'unanimité.*

Le lendemain, samedi 22 décembre, les membres du bureau de la réunion de la salle Lévis, ayant à leur tête M. Lenglé, se sont rendus chez le prince Napoléon ; M. Besson a donné lecture à Son Altesse de l'ordre pu jour adopté, sur sa proposition, par cette assemblée de plus de 2,000 bonapartistes, et avec une respectueuse et énergique effusion, ce fidèle serviteur de Napoléon III a affirmé l'unité du parti bonapartiste.

Le prince a répondu :

« Messieurs, je vous remercie de l'ordre du jour que vous me remettez. Il me touche comme toutes les manifestations qui me prouvent que je suis en communauté d'idées avec la grande masse démocratique des bonapartistes.

« Je le ferai connaitre à mon fils.

« J'exprime mes remerciements aux éloquents orateurs que vous avez entendus et qui connaissent mes sentiments politiques.

« Ayez confiance. Malgré les calomnies intéressées, la vérité finit toujours par triompher dans ce noble pays de France, où l'on apprécie surtout la franchise et la fermeté dans les opinions.

« Comptez sur moi, comme je compte sur vous. »

Ce procès-verbal scrupuleusement exact suffira pour dissiper les doutes que des mensonges intéressés pourraient encore laisser subsister dans l'esprit de quelques-uns de nos amis.

La déclaration de M. Besson est vraie : l'*unité du parti bonapartiste est faite.*

Le vœu du prince Victor est réalisé : *nos forces ne seront pas divisées.*

La parole du prince Napoléon a été entendue : *le parti bonapartiste a confiance en lui.*

Paris. — Imprimerie Nouvelle (ass. ouv.), 11, rue Cadet.
G Masquin, directeur. — 15189

EN VENTE

Chez J. PONCET, rue de Duras, 3

(Faubourg Saint-Honoré)

———

		fr.	c.
1 exemplaire..........................		»	10
20 exemplaires		1	80
50 —		4	»
100 —		7	»
500 —		30	»
1000 —			

www.ingramcontent.com/pod-product-compliance
Lightning Source LLC
Chambersburg PA
CBHW051331050726
47595CB00006B/2309